JN438562

다섯 손가락

青雨 김영식 시집

도서출판 채 운 재

다섯 손가락

青雨 김영식 시집

■ 자 서

하늘은 맑고 고운 가을날에 부끄러운 저의 시들을 조심스레 펼쳐 보입니다. 시인이라면 누구나 꿈꾸는 소망 하나 자신의 개인시집을 출간하는 것이겠지요.

저는 시를 배운적은 없지만, 그저 시가 좋아서 시를 썼고 장애라는 아픔을 가지고 살면서 항상 희망의 끈을 놓지 않으려 애쓰며 열심히 주어진 저의길 을 앞만 보고 뚜벅뚜벅 걸어왔습니다.

때로는 아내의 고단함을 보면서 때로는 부모님의 아프신 모습을 보면서 때로는 우리 아이들의 커가는 모습들을 주제로 순수한 나의 맑은 영혼을 시로 옮기고자 그렇게 한 줄 한 줄 옮겨보았습니다.

제가 시를 쓰게 된 동기는 힘들 때마다 글 벗이 제일 친한 친구가 되어 주었고 마음을 다스릴 줄도 알고 때로는 기쁨을 표현하고, 때로는 눈물겨운 모습들을 표현하면서 글 벗만큼 좋은 친구는 없더군요.

왼쪽 손이 불편한 지체장애 3급으로 살고 있지만 늘 긍정과 열정으로 살고 있기에 마음만은 항상 부자로 살고 있습니다.

저의 시집을 출간하기까지 어려움이 있었으나 가족들의 사랑과 주위의 관심으로 이렇게 저의 시집을 출간하게 되어서 기쁘고 고맙습니다. 언제나 힘이 들 때면 내 곁에서 묵묵히 자리를 지켜주면서 든든한 버팀목이 되어 가족을 위해서 애쓰는 나의 사랑스런 아내에게 이 기쁨을 함께하고 싶습니다.

사랑하는 나의 부모님과 언제나 노심초사 애태우시는 장인, 장모님 우리 두 아들 기현, 민성이도 함께하고 싶습니다.저를 알고 계시는 모든 분과의 아름다운 인연에 깊이 감사를 드립니다. 그동안 저의 졸 시를 새롭게 바꾸어 놓으신 함동선 교수님과 먼 길 마다않고 한걸음에 달려와 도움을 주신 유정 선생님과 박일소 시인님 출판을 위해 애써주신 양상구 발행인님께도 감사의 인사를 드리며 바쁘신 데에도 불구 하시고 부끄러운 저의 작품들 시평을 부탁 드렸는데 기꺼이 시간을 내어 저의 글들을 보아주시고 아름다운 평을 하여주신 김건일 회장님께 깊은 감사의 인사를 드립니다.

장애인에게 아름다운 도전과 희망의 메시지를 주고 싶습니다.

2011년 10월

아름다운 가을날의 햇살을 가슴으로 맞이하며

청우 김 영 식

차례

1부 다섯 손가락

2부 아름다운 동행

3부 아내에게 하루를 평생처럼

4부 시간의 여운

1부

다섯 손가락

다섯 손가락

하루를 맞이하는
시간 속에서
또 다른 아픔을 감내하며
오늘을 맞이하는 다섯 손가락

무더운 여름엔 상처라도 날까 봐 노심초사
살을 에는 추위와 힘겨운 싸움을 하는 겨울
허기진 자식처럼 늘 하루를 맞이한다

장애라는 편견과 수많은 시행착오를 거치며
끊임없이 줄다리기 하고 있지만
그래도 다섯 손가락이 있기에
내일의 희망을 노래한다

앙증맞은 손에서
때로는 알 수 없는 눈시울로 목이 메지만
영롱한 무지갯빛처럼
맑고 아름답게 살았으면 좋겠다
당신이 가장 좋아하는
안개꽃 가득 사랑의 집을 지을 수 있는
나의
다섯 손가락이 있어
오늘도 난 행복합니다.

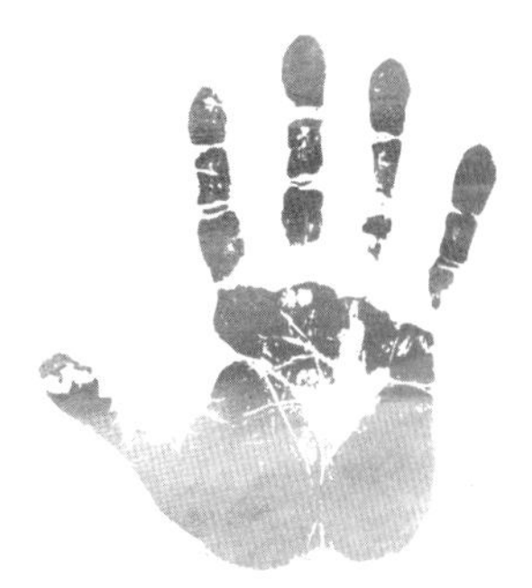

가족

하늘을 향한 작은 꽃밭에
서로의 마주 잡은 손
행여나 놓칠세라
각자의 숨을 쉬고 있다

가족이라는 단어가
전혀 낯설지 않음은

울타리에 사랑이라는 낱말을
만들어 가고 있기 때문이다

서로의 웃음이 기쁨 되고
슬픔의 눈물이 희망 되어
가족이라는 보금자리를
꽃피워가고 있다.

아버지의 흔적

고웁디 고운 손마디엔
어느새 세월의
흔적만큼
주름이 깊게 패여 있고
자식들에게 건재함을 과시하시던
우렁찬 목소리는
어느새 슬픔의 멜로디가 되어 전해온다
추운 겨울날
아궁이에서 쇠죽을 끓이시며
기침 소리 조차도 자식들 깰까 봐
숨죽이시던 그 모습
위암이라는 병마와
끝없는 싸움을 하시면서도
너무나 가여워서
차마 눈물을 보일 수가 없었기에
빈 하늘을 쳐다보며
소리 없는 눈물을 삼키고 말았습니다
아버지 죄송합니다
너무나 죄송합니다.

사모곡

머리에는 하얀 세월을 이시고
마음의 병들이 타는 줄도 모르시며
그렇게 앞만 보고 살아오셨건만

자식들에게 한스러운 눈물조차도 감추며 사셔야 했던
그 아픔의 세월 뒤에 남은 건
어머니의 주름진 육신의 부스러기들

힘든 일평생 눈물 흘리심에
그저 바라만 보고 있었던
철없던 이 자식을
어여삐 보아 주셨던 어머니

병드신 육신의 아픔보다도
더욱 아픔인 것은
후회해도 소용없는
못난 불효의 미움만 남았습니다
어머니 죄송하고 또 죄송합니다
못난 이 자식을 용서하옵소서
어머니 사랑합니다.

빗물

조그만 잎사귀로
투명한 옥구슬이 되어

진주의 눈물보다도
더욱
아름다운 수를 놓는다

빗물 그것은 인생

어쩌면 나의 흐름을
생각하여 주고

나를
슬픔과 그리움에서
자유를 주는
작은 빗물 되어 흐른다.

손가락 마디마다

여린 마음으로
오늘을 사는 나에게
손가락 마디마다
저마다의
성깔을 내느라
정신이 없다

무거운 장비로 일할 때면
항상 오른 손에게
미안한 마음으로
내심 눈치를 본다

오늘은 어디가 많이 아픈 거니
손가락이야
아니면 손바닥이야
그것도 아니면 손 등이야

주체할 수 없는 응어리에
잠시 넋을 놓지만
그래도 항상 귀한 나의 나머지 손가락에
행복을 맡기어 본다
예쁜 마음으로 살자고.

나는 내가 좋다

난 오늘도 내가 좋다

얼굴은 비록 못 생겼지만 타인들에게
웃음을 줄 수 있고
예쁘지도 않은 입이지만
좋은 말들과 아름다움을 표현할 수 있게 해주는
투박한 입이 있어서 참 좋다

나는 비록 한 손이지만
내 손을 필요로 일할 때면
난 정말 기분이 참 좋다

가끔 아픈 손 부여잡으며
눈물을 보이기 싫어서
뒤돌아 허공을 바라볼 때도 있지만
나를 필요로 하는 일손들이 있어 참 좋다

하루를 살면서 한 끼를 먹으면서도
감사해 하며
가진 것에 감사해 하고
교만해 지지 말자고 노력하는 내가 있어
그래서 나는 내가 참 좋다

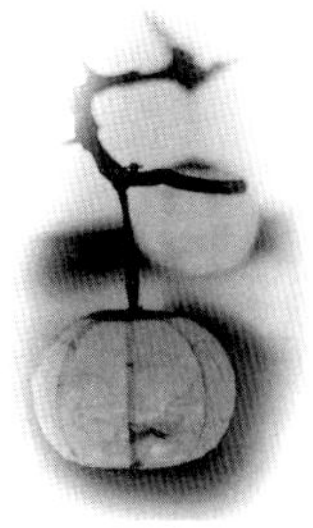

연등

태어나 처음으로 맞이하는 연등공양
정성스레 한 겹씩 풀칠을 하여
조심스레 옷을 입히시는 보살님
행여 다칠세라
어루만지시며 정성을 다하여 수를 놓으신다

화려한 꽃 향이 아닐지라도
그 속에는
마음속 희망을 밝혀주는
지혜로운 등불

내 마음의 연등하나
나와 내 가족의 무사안일을 빌며
나와의 인연을 맺은
사람들을 위하여
안녕을 빌어본다

연등에 빠진 오후
눈 부신 햇살만큼이나
고운 빛깔의 단장을 마치고
숨결이 흐르는 연등에 불을 켠다.

100년도 못 사는 인생

우리네 인생길 100년도 못살 거면서
무얼 그리 욕심을 내나
잠시나마 쉬어가는
길이건만
힘들기도 하다

미워하고 시기하며 살아본들
100년도 못 사는 인생
잠시나마 머물다 가는 길
스쳐 가는 인연의 끈인 것을

빈손으로 왔다가 알몸으로 가는 인생
무얼 그리 욕심을 내나
욕심은 또 다른 미움인 것을
기쁨으로 쉬었다가 가는 것을
작은 행복으로 생각하며

바람이 불면 부는 대로
정처 없이 떠나는 유랑자처럼
흘러가는 구름을 벗 삼아
잠시나마 맡겨 보자

병실의 한켠에서

고통스러움에 눈물지으며
아픔에 신음하는
가냘픈 몸뚱이

마음 한구석
무겁게 짓누르고 있는
아픔의 시간

어찌 보면 우리네 삶의 모습이고
그것이 또한 세상사는
순서 일진데
기계들에게 운명을 맡겨야만 하는
서글픔이란

눈물이 아픔 되어 흐르고
병실의 뒤엔 슬픈 모습의
물안개 내리고 있다

오늘
나의 병실에도 파랑새 날아들기를.

무지개다리

어릴 적에 살던 두메산골 골짜기에는
내 마음의 영혼을 맑게 씻어주는
자그마한 호수가 하나 있다

푸른 물결들이 춤사위를 놓으면
물새들이
장단을 맞추어 노닐며
꽃잎들의 싱그런 향기와
나뭇가지에 흔들리는 잎사귀들은
유년의 반짝이는 작은 꿈들

햇볕이 내리쬐던 여름 한 날에
시원한 소나기가 세차게 내리면
묵은 찌꺼기들을 다 쓸어가듯
내 마음의 작은 호수에는
무지개 동산을 만든다

그 모습에 취하고 예쁜 색에 반해서
잡히지도 않는 무지개의 다리를 향해서
온종일 손짓하며 바라본다.

보일러실에서

오늘도 난

삶이란 투쟁의 나날들 속에서
보일러의 소리를 들으며
오늘 하루를 시작해 본다

아름다운 멜로디도 아니고
뛰어난 음향도 아니지만

그 소리는 톱니바퀴처럼
덜커덩거리면서 거친 숨 토해내고 있다
어쩌면 온갖 잡념들과 상념들을
모두 날려 버리고 싶은 욕망의 순간일 게다

귓가를 울리며
고독에 몸부림치는
낯선 이방인의 울부짖음

자장가를 불러주어서 편안히 잠들게 하는
토닥거림에 묻혀 사는
나는
보일러와의 사랑에 빠져 있다.

제주도 5일장의 너털웃음

사람 사는 향기를 맡고 싶은 날
행복한 너털웃음이 있는
제주도 5일장에 간다

그곳에 가면
새벽을 여는
사람들만의 또 다른
삶과 애환이 숨겨져 있다

아지망*의 바쁜 손놀림과 제주도 사투리로
가는 발걸음을 멈추게 하며
장돌뱅이의 구수한 너털웃음에서
우리들 생이 나지막이 그렇게 흐르고 있다

어시장 골목에 들어서면
진한 어물전 향기가 코끝을 어지럽게 하며
귤 상자 한 아름엔 삶의 희망이 열려 있고
농부의 입가엔 행복의 미소가 가득하다

제주의 5일장 장터엔
온정과 해학이 넘치며
사람 사는 냄새가 나서 좋다

*아지망 : 아주머니의 제주도 방언

온 누리에 희망을 안고

힘겨운 삶들의 시간에
외로운 병마와 싸우고 있는
고달픈 삶의 글자에도
환우들의 얼굴엔 새로운 희망이 있다

이곳 온 누리에 오시는 모든 분의 얼굴하나에
고통스러운 눈물이 아닌 기쁨의 웃음이 가득하고
때로는 실망이라는
낱말을 꺼내 놓을 때도 있지만
서로의 가슴이 따뜻해지는 등불 하나 있으니
희망의 끈을 절대 놓지 마소서

눈물겨운 고통에
아픔이라는 시간이 존재하지만
그 눈물 한 켠을 지켜보아야만 하는
또 다른 가족의 사랑이 있기에
그 어떤 병들도
나을 수 있다는 희망이 있다

병으로 고통 받지 아니하고
건강하고 행복한 웃음으로
아름다운 동행 행복한 삶의 시간이 되길 빌어본다
삶의 여유로움 가득한 인생의 간이역처럼,

산사의 풍경소리

시간의 번뇌를 고뇌하기 위하여
대웅전 앞에 두 손 모아 합장하고
세월의 무념무상 속으로 빠져든다

나지막히 들려오는 풍경소리는
어느 죄 많은 세월을 향한
해탈의 시간을 알리며

언제나 욕망이라는 두 글 자속에서
파묻혀 사는 나는
한낱 보잘것없는 미물이건만

늘 유혹의 구속에서
벗어날 수 없음은
못난 세월만 탓하고 있구나.

비가 내리는 날이면

이렇게 소리 없는 비가 내리면
보고 싶은 사람이
생각이 납니다
빗물 위에 떨어지는
그리움은
눈물 되어 볼을 타고 흐르는
추억 한 방울의 눈물과
소리 없이 내리는 빗줄기는
아픔의 회초리 되어
말없이 나를 울리고 있습니다.

울지 마! 톤즈*

당신의 맑은 웃음과 순수함으로 인하여
뜨거운 눈물과 진한 감동을 하였고
사랑이라는 큰 선물에
희망을 보았습니다

아무도 가려 하지 않던 오지에
당신이 흘리신 땀과 눈물에
수단이라는 작은 나라에
희망이라는 나무를 심어 놓았고
배고픔과 굶주림에 허기진 배를 움켜잡고 살던
작은 마을에 새 생명을 주신 당신 이태석 신부님

투병을 하면서도
아직도 할 일이 많다면서
그곳 어린아이의 눈빛을 향하고 있는 당신의 마음

신부님은 비록 가고 안 계시지만
사랑과 감동을 절대 잊지 않으렵니다
이태석 신부님
우리는
당신을 영원히 사랑하고 존경합니다.

* 톤즈 :아프리카 수단의 오지

꿈을 꾸고 싶은 집

문설주 품에 푸르름 간직한
늠름한 소나무 손짓과
내 아이들의 웃음소리 어우러져
사랑 가득한 작은 정원은
사람 향기 가득한 사랑의 쉼터

여유와 낭만을 수레에 태운
아름다운 풍경으로
그려대는 꿈을 꾸는 그곳
내일로 가는 희망의 꽃수레

마주 보는 원탁을 사이에 두고
향기로운 차향에 띄운
삶의 기쁨
환희의 수채화가 자연을
만나기를 꿈꾸는 보금자리 그곳

그곳에
내 가족의 호흡이 숨 쉬고 있다.

피아노 선율에 빠지다

피아노의 아름다운 멜로디에
나의 심장이 멎을 것 같은
짜릿한 음률에 감전 되고 말았다
백색의 건반 위에 점 하나 찍어 놓은 듯한
검은색의 피아노 수채화들
그 아름다운 하모니를 토해내는
연주자의 무아지경
객석의 관객과
연주하는 피아니스트에
한몸이 되어서
건반의 수채화에 물들은 시간
마음은 푸른 하늘 속으로
뭉게구름을 잡으러 간다.

어머니의 항아리 사랑

강원도 두메산골 외딴곳 초가집 뒤뜰에
어머니의 자식들이
옹기종기 살고 있는 보석들이 있다

어머니의 항아리 사랑은
세월과 세상이 변했어도
늘 변하지 않으며
이사를 하실 때에도 항아리만큼은
꼭 애지중지 챙겨서 가신다

간장을 담그려면 항아리가 둥글어야 하며
고추장 된장을 담그려면 귀여워야 한다며
매일같이 어루만지시며
늘 하루에 한 번쯤은 사랑의 대화를 나누신다

간장의 맛이 예쁠 때면
집안의 좋은 일이 생길 거라며
기뻐하시며 웃으시는 모습이
갓 시집온 새색시처럼 살포시 웃고 계신다

된장 고추장 맛이 다르거나
색깔이 변하기라도 하면
집안에 우환이 생긴다며 걱정해 주는 예언가처럼
신기한 힘을 갖고 있는 항아리
어머니의 항아리 사랑은
당신의 삶의 무게처럼
세상이 아무리 굴곡이 있다 하여도
항아리와 어머니의 사랑 애기는 늘
나에게 생활의 교훈을 준다.

2부

아름다운 동행

아름다운 동행

소리 없는 미소로
다가온 그대

살아온 날들보다
살아갈 날들을 마음으로 엮으면서
당신과의 아름다운 동행이라면
멋진 세상 만들어 갈 수가 있습니다

그대와의 아름다운 동행
투정과 질투가 있다 하여도
사랑이 행복으로 갈 수 있으며

서로의 가슴으로 여미는
진한 감동의 노래는
언제나 함께 나눌 수가 있어서 좋습니다.

행복으로 가는 간이역

올망졸망 예쁘게 꾸며놓은
정원을 지나
아름다운 꽃길로 장식한
산책로를 지나면
행복이 숨 쉬는 곳

앙증스런 벚꽃의 눈인사에
사랑 타고 내려온 나비들의 휴식처
수채화로 그려진 아름다운 숲길
바람이 전하는 향기들

내 아이들의 맑은 웃음과
노부모님의 살아오신 세월의 흔적들 속에
고단함이 배여 있지만

행복으로 가는 간이역
숲에서
나와 내 가족의 웃음이 피어난다.

자재암*을 다녀와서

소요산 중턱의 자재암을
군 생활을 무사히 마치고
가족의 품으로 돌아온 큰아이와
단풍나무 숲길을 걸으며
고마움의 포옹을 한다

자재암 전설이 있는 암자에
원효 스님과 요석공주의
애절함을 아는지
은은하게 들려오는 풍경소리에
나와 아이의 사랑을
마주하는 합장으로 미소를 지어본다

맑은 정화수에 잠시
수많은 번뇌와 해탈을 향한
원효 스님의 수도에 고개를 숙이며

하루를 살더라도

미움과 시기로 아픈 이가 없고
나로 인하여 혹여나 생채기가 있는 분들께도
용서하는 마음으로
나의 헛된 욕망과 아집을 버려 달라고
부처님 전에 손 모은다.

*자재암 :경기도 동두천 소요산에 있는 암자

그대와의 인연

어느 날 해맑은 웃음으로
내 앞에 다가온 그대
사랑한다는 쑥스러운 한마디에
나의 가슴은 숨이 막힐 정도로
감동의 흥분
우주를 다 가진듯한 기쁨

한평생 기쁨만이 존재할 순 없어도
서로의 믿음으로
잘 가꾸어 놓은 텃밭에서
들꽃향기가 새어 난다

그대와의 인연이 있기에
햇살 가득한 정원에서
서로의 온정이 따스한
차 한 잔의 행복이 함께하고

나와 그대와의 인연은
첫 만남을 상기하듯이
두 손 꼭 잡고 무지개다리를 건너
한평생 아름답게 만들어가고 싶다.

그리움

그리움은
장미의 가시처럼 아픔이 되어
그대 창가에 머물다
또 그렇게 가야만 하고
아픈 등불의 불빛 되어
내 가슴을 쓰리게 하며
서서히 촛불처럼 그렇게 타들어간다
그리움은
오늘도 그대를 멀리서
보아야만 하는 안타까운
보이지 않는 사랑이다
다가설 수 없는 장미 가시처럼.

인연의 길

웃음 가득한
마음의 끈 하나 있으니
사랑 가득 담은 맑은 눈길과
아름다운 눈물샘 있어서 기쁨이어라

가슴 벅찬 진한감동 한 아름
전할 수 있는
기분 좋은 인연의 끈 한 자락

향기 가득한 차 한 잔에
정다운 목소리 들으니 평화롭고
부르다가 달아날까 조심스럽게 불러보는
그대와의 아름다운 동행에

나눔이 있어서 행복하며
버거운 삶들을 함께할 수 있다는
기쁨으로 인하여
나 너 그리고 우리들의
고운 인연에 오늘도 미소가 절로 난다.

우리는

우리는 언제부터인가
아주 조금씩
마음을 열기 시작하였고
봄볕에 따사로운 햇살 가득 안고
서로를 알기 시작하였습니다

아주 가끔
서로의 그리움 가득한 전화를 하였고
바람을 타고 전해오는 진한 허브향
애절함이 있는 7080노래 들 속에
때로는 가슴 시린 시어들에 눈물도 흘리면서

그렇게 우리는 서로 위로하며
눈 이슬 감추면서
밤새 소리 없는 보고픔으로
먼 여행의 꿈을 꿉니다

함께 떠나는 소리 없는 여행으로.

포장마차

빨간 글씨의 포장마차
울타리를 열고 들어서는 순간
사람들의 삶의 향기가 묻어나는 곳
그곳엔 웃음의 희망이 있었다

닭발의 발길질에 내장의 꿈틀거림과
욕망이라는 교차로에서 잠시 동안
숨이 멎으며
대합의 활짝 열린 가슴은
어머니의 구수한 시골 냄새가 난다

목젖을 타고 흘러내리는
쏴~한 소주의 그 짜릿한 느낌
눈물 가득 고인 소주잔에
장애라는 편견을 깨고
전국에서 단 한 명만 뽑은
공무원 시험에 합격을 한 기쁨을
모두 하나 된 마음으로 축하를 해 주었다

이혜숙 사장님 부부 눈물의 의미와
아름다운 미소
함께 자리한 님들의
사랑이 진하게 묻어 있습니다

포장마차에 흐르는
사랑의 의미를
내 가슴에 소중히 묻으며
기억해 둘 것입니다.

행복의 여유로움

실개천 사이로 행복이 흐르고
올망졸망한
돌 틈 사이로
세월의 삶이 지나가고 있다

산비탈 오솔길을 걷다 보면
다람쥐들의 노니는 모습에
정겨움이 있고

잘 꾸며진 숲 속 공원에서
세월의 무게와 시간을 벗 삼아
한잔의 막걸리에 쌓이는 우정은
먼 길 마다않고 와 준 벗이 있어 행복하며
마주하며 웃는 선배님의 유쾌한 너털웃음에
여유라는 삶을 음미해 본다

일상의 굴레에서 잠사나마
맞이하는 행복한 동행
힘겹고 고달픈 삶이 있지만
마주해서 웃을 수 있는 기쁨과
나눌 수 있는 정이 가득하기에
오늘이라는 시간에
행복의 여유로움이 있다.

내 고향 굴운

내 고향 강원도 홍천군 화촌면 굴운리
시골 길 논두렁에
콩이랑 호박을 심어서
자식들을 돌보는 모양으로 가꾸어 놓으면
노랗게 열매가
영글어서 함박웃음 머금고
예쁜 모양새로 가을이 익어가고 있다.
봄 햇살 머리에 이고 삼태기 지게 위에다
고추랑 감자랑 한 아름 지고 가서
밭두렁에 고사리 손으로
엄마 가슴 만지듯이 심어 놓으면
알알이 줄기마다
사랑의 열매를 가득가득 담아 놓는다
내 고향 논두렁에는 행복한 깨알이 나오고
밭두렁에는 희망의 보금자리가
그렇게 익어가고 있다.

시와 음악이 흐르는 카페에서

시어들이 흘러나오는 그날
시와 음악에 빠져서
세상사 근심을 내려놓는다

한 줄 한 줄 낭송 하는 시인들의
색깔에
때로는 웃음이 가득하고
수줍음 머금은 첫사랑처럼
그리움이 머물다 간다

사색에 잠긴
노시인의 가슴 시린 싯귀에 아련한 추억들

구름 달려가는 저 하늘과
가느다랗게 부서지는 바람 소리
가을이 물들어 가는 작은 카페에
조용히 흐르는 비발디의 4계는
내 마음의 작은 호수에
파문을 일으킨다.

뚝심과 인연

하루의 햇살 가득 받으며
뚝심의 기운과 긍정의 힘으로
하나 됨이 모여서 아름다운
인연을 만들어 가는 곳이 있다

복잡하고 오묘한 미로 속에서
헝클어진 실타래를 풀듯이
웃음과 가슴 시린 감동이 살아 숨 쉬는 곳

진한 감동의 글 보면서
아픔과 신음으로 인하여
내 눈가엔 어느새 눈물 한 방울
온몸의 전율

욕망이라는 교차로에서
우리네 인생을 논하며
잠시 쉬어가는 간이역처럼
뚝심의 인연이 있기에
나와 너의 인연 만들기

성공의 이야기와
실패의 갈림길에서
행복한 나눔과
아름다운 인연들 있기에
오늘도 난
사랑의 중독자가 되어가고 있다.

사랑방 모임

매주 화요일 오후
뜨거움과 간절한 소망으로
열정을 불태우는 곳
잠실의 사랑방이 있다

그곳엔 희망의 웃음소리와
삶의 소박한 정이 묻어나고
나눔의 사랑이 느껴지는 곳

서로의 부족함을 채우기 위해
열정이라는 단어와
성공을 위한 뜨거움의 열기들
부모도 가족들도 모두가 곱지 않은 시선을 주지만
바다를 건너고 산을 넘어서
행복열차에 꿈을 싣고

꿈이라는 열매를
간절한 소망으로
아름다운 결실을 보기 위하여
사랑방 웃음이 넘친다.

연서

보고 싶은 사람과의 이별 뒤에
눈물로 시간을 지새우는
차디찬 커피잔에는
이슬이 가득하고

이제 오시려나
그리움의 연서를 밤하늘의 은하수에
띄워 보지만

바다의 너울에 묻혀 버리고
산이라는 계곡 사이에
메아리만 되돌아올 뿐
아무런 대답이 없다

서로의 가슴에
아픈 상처만 가득하고
오늘도 그리움은
눈물이 되어서 밤을 지새운다.

광화문 사랑방시낭송회

매월 둘째 주 토요일
사랑하는 사람들과 세상사는
이야기를 나눌 수 있는
사랑방이
언제나 나를 기다린다
구수한 옛날이야기를 듣는 것처럼
묵은지와 된장 뚝배기에서
우리네 삶을 엿볼 수 있듯이
향기로운 시심을 향한 멋들어진
고운 목소리로 들려주는 시낭송은
아득한 추억여행이고
아름다운 동행이다
세상을 노래하시는
원로 시인들의 옛날이야기
오늘을 살아가는 우리에게
언제나 정감을 담을 수 있는
광화문 사랑방은 행복을 담는 질그릇.

우리 가끔은

우리 가끔은
서로를 위하여
웃음이 있는 인연하나
만들어 보자

살아 숨 쉬고 있는 심장의 고동 소리와
그 속에서 꿈틀거리는
미련들 하나씩 꺼내보자

우리 가끔은
서로의 따스한
숨결 포옹해 보자

추운 겨울날 얼어붙은 마음을
녹일 수 있는 화롯불이 되어서
그래서 우리가
서로의 존재가 될 수 있는
시간을 만들어 보자

그대에게

늘 홀로 새벽녘 불 밝히며
기다림에 지치고
그리움에 하얀 밤 지새우며
고독의 씁쓸한 커피잔에
하루를 맞이하는 그대

마음속 가여운 속내
행여나 들킬세라
슬며시 가냘픈 미련 거두고 만다

버거운 날들을
쉼 없이 달려온 그대
이제는 나의 두 어깨에
편안한 쉼터가 되어 주고 싶다

그리움에 지친 가여운 흐느낌도
몸서리 처질만큼의 슬픔도 날려 버리고
웃음이라는
연인이 되어
변하지 않게 살아가고 싶다.

고향 길에 빠진 날

안개비가 내리는 고향 길에
자식을 품에 안은 어미의 모습이
환한 모습으로 나와 계신다

추적거리는 빗물은
맑은 이슬을 먹고사는
홍천강의 아름다운 풍경과
잘 어울려진 나그네를 맞이한다

보리의 바람을 타고
호프의 줄기에 오래된 숙성의 향을 알리고
구수한 시골 냄새가 나는
발효의 맛은 그만의 색깔

찰나의 온도는
맥주의 맛을 결정하는 별미
아름다운 홍천강의 물줄기마다
살아 숨 쉬는
시간들은 언제나
새로운 꿈을 알린다.

꿈의 숲, 여유로움에 빠진 날

실개천 사이로 행복이 흐르고
올망졸망한
돌 틈 사이로
추억이 지나가고 있다
산비탈 오솔길을 걷노라면
다람쥐의 노니는 모습에
배시시 웃는 모습이 앙증스럽다
숲 속 공원에서
바람의 무게와 시간을 벗 삼아
한 잔의 막걸리에 쌓이는 우정은
먼 길 마다않고 달려온 벗이 있어 행복하며
마주하며 웃는 선배의 유쾌한 너털웃음에
밤하늘의 별빛이 가슴에 내리고
일상의 굴레에서 잠시나마
웃을 수 있는 기쁨과
나눌 수 있는 정이 가득하기에
목젖을 타고 흐르는 막걸리의 시원함과
커피 향 가득한
날개 달린 바람의 여유로움에
오늘 나는 빠져 버렸다.

그대 그리움 하나

밤새워 속삭이고 싶은
아름다운 말들을
그대에게 전하고 싶습니다

그저 바라만 보아도
좋은 그대
그리고 그리움 하나

그리움이 어느새
행복이라는 작은 돛단배 되어
물살을 가르는 힘찬 노처럼
그렇게 다가오며

아름다운 순간들을
행여 놓칠세라
살며시 포개는 이 밤이
아름답습니다.

3부

아내에게

하루를 평생처럼

아내에게 하루를 평생처럼

당신의 마음을 너무 아프게 해
많은 눈물 흘리게 해서 미안하고
그리움이 미움 되어
힘든 어깨 토닥거려 주지 못해서 미안하고
손마디 부르트고 갈라진 손톱에
매니큐어 한번 사주지 못해 미안하고
나의 몹쓸 이기심에 마음속
생채기를 내서 미안합니다
이른 새벽 출근길 가족들 행여 깰까 조심스러워
까치발로 나가는 뒷모습을 보면 고맙고
나의 육체와 영혼이 아파 지칠 때면
늘 그 자리에 있어주어 고맙고
오늘도 힘겨운 계단을 오르며
삶의 미소를 잃지 않는
세상에 단 한 사람
내 아내라는 사실에 고맙습니다
삶이란 단어와 세월의 모진 풍파 속에서도
또 다른 세상이 온다 할지라도
나의 존재는 당신이기에
하루를 평생처럼 생각하며 사랑하겠습니다.

사랑

마주 보며 지난 시간 위로
사연들이 쌓여 갈수록
깊어지는 것

받기보다는
주고 싶어 하는
미소 한 조각으로
모든 말을 대신 할 수 있는
배려가 숨 쉬는 것

투정과 질투를
곱게 싸서
행복한 미래를 향해

그래서 마음이 따뜻하고
포근해질 수만 있다면
그보다 더 아름다운 사랑이 있을까.

부부이름

금실 좋은 부부사랑 배려함이 하나 되어

영화보단 마음부자 세상 향한 등불 되어

식지 않는 고운사랑 영원토록 함께하길

이 뚝심의 남편 내조 긍정의 힘주었으니

경사스런 청우시인 많은 이의 귀감 되어

희망 가득 마음 담은 사랑의 시 전파되길.

당신이면 좋겠소

어느 날 내 곁에서
환한 미소를 지으며
말없이 다정하게
사랑한다는
말 한마디를 건네는
사람이
당신이면 참 좋겠습니다

지나온 아픔의 날들을
사랑해 주는 사람이
당신이면 참 좋겠습니다

내 곁에 당신이라는 사람이 있기에
고통과 외로움의 순간들을
견디어 가슴에 묻으며
살아갈 수가 있답니다

나를 영원토록 사랑해 주는 사람이
당신이면
참 좋겠습니다.

새벽녘

뚜벅뚜벅 하루의 새벽이
저만치에서 오고 있다
하루 일상을 시작하는 새벽녘은
많은 기쁨과 행복을 안겨준다

이른 새벽 농부의 손끝에서
시작하는 쟁기는
한해를 시작하는 고운 손놀림
노부부의 손수레에 가득 실린
고철 덩어리들은 하루 생명의 밥줄

사랑하는 방법을 알려주며
그리움을 만들어 주며
삶의 희망을 주고
몸서리칠 만큼 경쟁을 알려주며

사랑하는 사람들 있고
사랑받을 수 있다는 기쁨으로
오늘 하루도 희망을 가슴에 품고
내일을 향해 걸어본다.

아내의 변신

긴 머리 바람결에 날리는 그녀를 보며
두근거리는 남정네의 가슴앓이가 되어
한때는 긴 밤을 지샌 적도 있었다
그 순수하고 아름다운 모습에 반하여
시를 한 수씩 쓰던 시절이
나에게는 긴 여운으로 남는다
20년을 고이 간직하여 왔던
자신의 일부분
빗고 다듬고 순결을 지켜왔던
긴 머리카락을 미장원 가위 손에 맡기던 날
난 그 새로운 변신에
아내가 아닌
또 다른 이방인의 모습에
무언가를 잃어버린 듯한 느낌
사람들은 아내의 짧은 머리에
모두 반기며 보기 좋다고 하지만
왠지 나는 낯설다
순수한 여인네의 모습이
사라져 버린 것만 같은 허전함이란
나 혼자만의 불협화음일까.

바보 같은 사랑

한 사람을 사랑하고
청춘의 시간을
보상받을 수 없었던
오직 한 사람만을 위한 바보 같은 사랑

그 사랑이 때로는
두 눈에 이슬방울이 되어
안개비가 내리고 있어도

가여움에 흐느끼며
때로는 몸부림치고
전율을 느낄 수 있는 고독이 있어도

오직 한 사람만 사랑한
참 바보 같은 사랑이랍니다

삶의 언저리에서
오늘도 사랑의 굴레가 되어서
바보 같은 사랑을 하고 있습니다.

나뭇잎 사이로

나뭇가지 사이로 자그마하게 보이는
하늘 저편
얼굴을 감추며
알 듯 모를 듯 나를 보고 있다

흔적들 사이로 비추어지는
물결 같은 구름
사랑을 만들어 놓고
그리움을 만들어 놓으며
지나온 추억 거리를 만든다

나뭇잎 사이로 비추어지는
세상의 모습이 거기에 있다

영롱한 무지개색 이슬의 눈망울과
그 이슬을 먹고 사는 이름 모를 풀벌레의
모습에서 소박한 하루를 맞이하고 있다.

사랑이란 둘이서

사랑이란 둘이서 곁에 있음에
삶이 외롭지도 슬프지도 않아요
살포시 손을 내밀면 마주 잡을 수 있는
사랑의 마음이 거기에 있으니

둘이는 서로 사랑하고 있어요
혼자서 지새는 외로운 시간도
텅 빈 마음의 공허함도
둘이서 사랑할 수 있기에
행복한 날들만 만들 수 있지요

그대가 힘들고 지칠 때도 있지만
서로가 존재하는 따뜻함이 거기에 있으니
아무런 걱정일랑 하지 말아요
함께하고 싶은 생각과
함께 웃을 수 있다는 것과
선택한 것에 대한 믿음이 있기에

그대를 만난 것을 행복이라 생각하며
후회하지 않을 사랑을 하고
첫 만남의 소중함을 간직 한 채로
영원히 함께 사랑하고
늘 하루를 감사하게 생각하며
함께 웃을 수 있는 시간을
소중히 간직하기로 해요
우리 함께.

지란지교를 꿈꾸며

내 삶의 버거움에
넋두리 한 아름 들고
찾아간 그곳엔
늘 한결같은 마음으로
기다리는 친구가 있다

숱하게 오는 풍랑 같은 일상에서
기대어 쉴 수 있는 포근한 요람이 되는
그저
바라보기만 해도 되는

두서없고 재미없이 내뱉는
내 이야기 하나하나를
소중히 들어주는
그 사람이 있다

만날 수 없어
그리움에 밤하늘의 별처럼
안타까움만 반짝이지만
달려가면 손끝에 닿는 찻잔의 온기처럼
따스한 사람이 오늘은 무척 보고 싶다
어둠이 등 뒤에 붙어
고독이 찾아올 때면
지란지교의 꿈을 꾼다.

논산으로 가는 입영열차

아기 새 한 마리 하늘 높이 보내려 한다
품속에 간직하고 행여나 상처 입을까
조심스러운 아기 새 한 마리
나래를 펴기 위한 곳으로
오늘 보내야 한다
달리는 차 창 밖으로 가을의 향기가
서서히 다가옴을 느끼며
빠르게 달려가는 KTX가 오늘은
미움의 시간이 되어가고 있다
조국을 위하여 군인으로 가는
너의 늠름한 모습에
가족들 모두 네가
무사히 병역의 의무를 마치고
건강한 모습으로
다시 만날 날 기다리며.

당신의 모습

둥그런 얼굴과 미소는
당신의 소담스러운 꽃송이
해맑은 눈망울과 입술은
당신의 자그마한 마음

귀엽고 탐스러운 웃음은
꽃잎의 속삭임
꽃송이보다 예쁘고
눈송이보다 깨끗한
당신의 포근한 마음은
끝이 없는 사랑

맑고 투명한 눈망울과
깨끗하고 순결한 당신의 모습은
행복의 전도사.

미안해요. 당신

당신 마음 헤아리지 못해서 미안하고
노랫가락 장단에 못 맞추어주고
같이 술 한 잔 못해 주어 미안해요

다 큰 아이들 엄마 마음 알아주지 못하고
혼자 외롭게 만들어 놓아서 미안하고
남편 뒤통수만 바라보는 아내
종일 화나게 해서 미안해요

따가운 7월의 여름 오후
몹쓸 놈의 장맛비는 한없이 내리는데
처량한 불혹의 나이가 쓸쓸히
빗물 따라 지나가 버리며
마음 한구석 휑한 기분이 드는 건

가는 세월
잡을 수 없고
약속하기만 한 것은
지독한 사랑 앓이 때문에.

그대가 있기에

맑은 웃음과 기쁨을 나누어 주는
그대가 있기에 행복합니다

바람이 몹시 부는 추운 겨울날
얼어버린 나의 아픈 손가락을 위해서
당신의 가슴에 따뜻하게 묻어주는
그대가 있기에 행복합니다

텅 빈 마음의 공허함과
뼛속까지 파고드는 아픔을 사랑해주는
당신이 있기에 행복합니다

행복한 인연으로 만나
나의 생이 다하는 날까지
그런 당신을 사랑하며 살겠습니다
그대의 아름다운 눈물 한 방울까지도…….

졸업

세상의 축복 속에 태어난 네가
어느덧
성년이 됨에
오늘을 맞이하고 있구나

잊지 마라 아들아
졸업은 끝이 아니라 또 다른 시작이라 는걸

오늘 너의 모습에
곱게 잘 커 준 네가
고맙고 대견스럽구나
부모의 마음 한구석에 허전함을
네가 있으므로 인하여
채울 수 있어서 또한 기쁘단다

졸업의 또 다른 시작은
너의 인생을 설계하고
세상을 향한 너의 날개짓 이란걸.

새벽의 미소

새벽이슬 머금고
이마에 맺힌 땀방울을 연신 훔치시며
새벽을 여는 깨끗한 미소가 있다

길가의 부스러기들을 깨끗이 치우며
화장을 고쳐주는 이 있다

아름다운 도심 속의 마술사
그분들은 바로 환경 지킴이

눈가엔 세월의 무게만큼
잔주름이 있지만
입가의 아름다운 미소는
그 누구보다도 행복해하고 있다
그 미소가
아침 햇살보다도 더 눈 부시다.

행복한 동행

삶의 여유로움 한 자락 남기려
찾아간 고향의 산길
하늘과 맞닿은 구름과
길손을 유혹하는
산새들의 반가운 노랫소리는
잠시나마 행복을 전해준다

춘천의 산 끝자락
강 위에서 낭만을 즐기는 신세대 커플들
각자의 일상들 속에서도
만남이 있고 아름다운 동행을 할 수 있음에
하나 된 웃음과 여유로움이 있다

추억여행 만들려
동행이라는 시간을 내어준
선배님의 배려에 가슴 찡한 하루
강원도 비탈길을 실감이라도 하려는 듯
전주의 긴 시간 짬 내서 오신 분들
청주에서 아이들의 해맑은
미소를 한 아름 선물하고 온 아빠의 모습

남자들 열 부럽지 않게 화통한 모습의 여장부들
진솔한 정이 흐르고
후덕한 주인장의 미소 속엔
강원도에 발길을 멈추게 하며

그곳 고향 비탈진 길모퉁이에
기쁨이 잘 어우러진
아름다운 만남
행복한 동행의 시간이 함께 하였다.

큰아들 면회하던 날

아들의 면회를 가는 기분에
밤새 들떠서
한숨을 못 잔 이른 아침
전철을 타고
무작정 길을 나섰다

물어서 찾아온 부대
위병소에서
아들 면회 왔다 하니깐 잠시 기다리라고 한다
그 기다림의 시간이 왜 그리도
오랜 시간인지

저만치에서 인솔자와 뚜벅뚜벅 다가오는 모습이
영락없는 아들의 모습
멀리서 보아도
걸음걸이가 아들의 발걸음이다

이윽고 아들이 내게 달려와 충성하고 인사를 한다.
내가 손을 내밀며 악수를 한다
서로의 마주 잡은 손에 따스함이

할아버지가 잡으신 손엔
금세 힘이 들어가시고
물안개 맺힌다
당신의 군 생활은 훨씬 힘드셨건만
노심초사 손자 걱정이시다

아들의 면회를 마치고
돌아오는 길
바람에 흩날리는
낙엽들의 웃음이 보인다.

바보처럼 살고 싶습니다.

살다 보면 힘에 겨워서
사람들을 원망하며
나 자신이 무척이나
대단한 놈으로 생각하고 있을 때가 잦습니다

잘난 것처럼 투정과
불평을 늘어놓아 보지만 그것은 바로 나 자신의
오만과 교만함이 있는 착각이었습니다

푸른 하늘의 구름을 벗 삼아서 그냥 무작정
여행을 떠나고 싶고
넓은 바닷물에 그리움도 버리고 시기심도 버리고
바보가 되어서 살고 싶습니다
근심과 슬픔 다 버리고 말없이
흐르는 빗방울이 되어도 보고 싶고
바보처럼
살고 싶을 때가 있습니다

길가에 돌멩이를 베개 삼아 누워도 보고 싶고
비가 오면 우산도 없이 비를 맞으며 걷고 싶고
바람이 불면 부는 대로 그냥 가고 싶고
가을의 낙엽들과 단풍들의 노랫소리를 들으며
눈 내리는 겨울이 오면
눈 속에 묻혀서
모든 것 버리고 바보가 되어서
살고 싶습니다.

만원의 행복

몇 일 전에
아들이 내게 다가와서는
잠시 동안 망설이다가
만원에 치킨 피자를
오늘 먹고 싶다며
사주기를 바라는 눈치였다

모른 척하다가 사준다고 하니
"앗~~싸" 소리를 지르며
좋아서 난리다

두 형제가 얼마나 덩실덩실 좋아하며 춤을 추던지
마치 배고픈 아이에게 어미가
젖을 물릴 때처럼 함박웃음이 가득
난 코끝이 찡하게 시려 오며
눈시울이 붉어진다

작지도 않고 크지도 않지만
만원의 행복에서 작은 사랑과 기쁨을
아이들에게서 보면서
행복이란 멀리에 있는 것이 아니라
내 곁에 늘 존재한다는 것을
또다시 느낀 하루였다.

4부

시간의 여운

시간의 여운

먼 산의 봉우리들 사이로
가끔씩 지나가는
알몸의 순간들
또 다른 꿈을 꾸게 한다

시간이 지나가고
추억이 흐려지며
그리움이 퇴색된다

시간의 여행은
때론 우리를 당황스럽게도 하고
슬프게도 하며
눈물이 흐르게 한다

사랑의 열병을 앓고
목마름에 허기진 배를 채우듯이
언제나 그렇게
긴 여운을 남기며

목련꽃

하얀 웃음 머금고
계절의 마디 사이로
목련꽃 배시시 웃고 있다

아이를 품에 안은 어미인 양
한껏 부푼 꽃망울

목련꽃 미소
희망으로 다가오면

계절의 언덕 너머로
흐르는 시간
수줍어 붉어지는 첫사랑의 홍역

진달래꽃

산등성 허리춤에
곱게 물든 자태
수줍음 머금은
소녀의 얼굴처럼
연분홍 치마에 감춰진 속살
한 아름 따다 만든
내 유년의 그리움.

담쟁이

울타리 너머로 진한 잎사귀들
하늘을 향해
기어오르는 넝쿨들의 외침

서로의 얼굴 마주 보며
부여잡은 손 행여 놓칠세라
누가 먼저 랄것도 없이
쉼 없는 경주를 하고 있다

잎사귀에 묻어나는 끈끈한
액체는 삶의 한숨 덩어리

그들은 파란 하늘 가득한
파랑새를 꿈꾸며
넝쿨 진 모습으로 살고 있다.

개나리꽃

노오란 꽃잎은 무엇을
갈망하고 애태워 하는지
한참을 그윽한 눈으로 바라본다
어쩌면 흐르는 시간을
아쉬워하면서도 반기는 듯하다
꽃망울의 속삭임과 속내를 감추며
노란빛으로
너는 참으로 아름답게 피어 있구나
잎사귀가 먼저 나고 꽃망울이 되어
너는 언제나 꽃이 먼저 피는
화사한 너의 웃음에서
봄의 시간을 반기는 듯하다.

아카시아 향기

오월의 계절을 진하게 느끼게 하는
아카시아 향기
송이마다 짙은 유년의 추억

꽃과 벌들의 밀애 장면을 들키기라도
한 듯 서방님 품에
안기는 모양새다

아카시아 향기가
순간들을 어지럽게 하며

문득 슬픈 고독이
다가온다

흐드러지게 피었다간
바람의 심술에 힘없이 고개 숙이며
빗물의 말 없는 눈물에
꽃송이는 진한 향수가 되어
발아래 흩날리고 있다.

봄이 오는 소리

겨우내 추위 속에서 그 모습을
감추며 살았던 너의 향기는
속내를 감춘
비밀이 숨겨져 있다

계곡 속의 물 흐르는 소리가 들리면
기나긴 잠에서 깨어나
기지개를 활짝 켜며 일어나는 어린아이처럼
웃음으로 또 다른 하루를 맞는다

버들강아지 앙증맞게 피어나고
들녘 아지랑이 뭉게구름 만들며
늘어진 수양버들 치마끈엔
물오른 남정네들의 용트림

봄이 오는 소리가 들리면
나는 또다시
파란 해 맞이하는 부푼 꿈에
내일을 상기해 본다.

눈꽃

하늘거리며 밀어를
속삭이는 연인들처럼

그들은 새하얀 웃음 머금고
소리 없이 포근함을 선사하며
눈송이가 꽃송이 되어서 내리고 있다

눈망울의 덩그런 함박웃음과
겨울이라는 단어는
조화가 잘 어울리는
그들만의 세상인 듯

눈꽃의 아름다움은
화가의 그림보다도
더욱 선명한 점 하나를 남겨둔다

꽃이란 언제나 예쁘고 아름답지만
네가 더욱 아름다운 것은
눈꽃이기 때문일 게다.

눈꽃의 반란

한라산 봉우리 밑에 위풍도 당당하게
자리 차지 하고 있는
오름 동산 그곳 1100 고지
우리나라의 수많은 명산 중
가장 고지가 높다 하여
이름이 1100 고지란다

정상이 다가올수록
흥분을 감추지 못해
온몸에 전율이 느껴진다

눈앞에 펼쳐져 있는 또 다른 세계
아름다운 설경의 황홀감
그 이름 눈꽃의 반란들

부끄러움을 감추기 위한
순백의 자태들
마주하고 있는 연민의 정
풀잎들의 저마다 고운 색 음률

눈꽃들만의 세상이 거기에 있다.

바람 소리

삶이 구르는 소리
방황이 부는 바람 소리
자연의 오묘함에 귀 기울이는
나의 작은 심장의 고동소리
소나무 숲이 부르고
갈대숲 언저리에
나부끼는 갈등
바람의 손짓과
사람들의 방황하는 숨소리
오늘 거기에 바람개비 돌리는 소리.

찔레꽃

논두렁 가장자리에
새하얀 웃음으로
함박하게 피어 있는 찔레꽃 향기가
그늘진 덤불 속
한줄기의 아픔으로 내게 다가온다
무척이나 가여운 유년의 시절
찔레꽃은 언제나
허기진 아이의 젖줄
보리의 바람을 타고
밀 이삭에 너울거리는
동심의 그곳으로 향하고 있다
가시 끝에 매달려 피어 있는
하얀 찔레꽃
나의 기억 저편에 있다.

나팔꽃

아침이면 고운 자태를 뽐내며
어여쁘게 피었다간
저녁이면 수줍음 간직 한 채로
고개 숙이며 사라져간 얼굴은

무엇을 그리워 갈망하고 애태워서인지
하늘 향한 너의 줄기는
나를 보는 듯하구나

너의 예쁜 꽃잎은
시름들을 모두 안아 주려는 듯
두 팔 벌린 네 모습이
아름답구나.

낙엽

저 쓸쓸히 떨어지고 있는
조그마한 순간
어쩌면 그것이 다시
삶을 찾기 위하여
태어나고 있는 것일지도 모른다

바람이 거세게 불면 한없이
뚝뚝 떨어져
허공에 부딪히며 어디론가
날아갔다가 다시 살포시 내려앉는다

새로운 탄생과
새로운 삶과
그의 인생을 그는
조용하고 아주 작게 맞이한다

쓸쓸히 웃으며
떨어지는 낙엽
그것은 마치
새로운 나를 찾기 위하여
떠나는 행복의 방랑자.

추억여행

오후의 햇살 받으며
포근함이 있는 추억여행
만들고 싶어서

둘이서 행복으로 가는
간이역에 동승을 하여본다

겨울의 일상들을 보면서
들녘 앙상한 나뭇가지
골짜기에 흩날리는
차가운 겨울바람 뒤로
울부짖는 계곡의 얼음 덩어리
나는 어느새 또 다른 일탈을 꿈꾸고 있다

자유로 가는 추억여행에
오늘을 맡기어 본다.

칡넝쿨

울퉁불퉁 한세상
그렁저렁 한세상
얽히고설키어
칡넝쿨의 삶의 울타리가
그렇게 만들어져 있다
줄기마다 쓰라린 고통을 감내하며
세월의 시간을 붙잡으려 애를 쓴다
하늘을 벗 삼아야만
하는 모습이
타인이라는 이방인에
자신의 몸뚱이를 맡기며
한세상 살다 갈지라도
그것이 칡넝쿨의 삶인 것을…….

가을의 소리

낙엽들의 소곤거림 소리에
한가로이 낮잠을 자고 있던
잎사귀들이 빼끔히 고개를 내밀면
가을의 느낌이다

하늘에 물드는 구름에 주홍빛 수채화
밤송이의 수줍음을 보며
누렇게 고개를 숙인 들판을 보면
풍성한 마음의 부자가 된 듯한 느낌

가을은 사랑하는 연인들의
거리를 만들고
덕수궁 돌담길에 아름다운 동행
가을은 또 다른 행복이 있다

시간을 유혹하고
추억하나 만들면
그래서 가을은 참 아름답다.

겨울비

계절의 흐름에 아쉬움이 남아서일까
겨울비가 사나운 독수리 날갯짓처럼
세차게 내리고 있다

겨울 그리고 비
숨통을 조여드는 듯한
가녀린 떨림 속에
어느새 눈물이 되어 내린다.

겨울비 내리는 소나무 등가죽엔
빗방울 멍울이 들고
세상을 향한 쓰라린 아픔들
차가운 눈물이 발밑에 내리고 있다.

가을 낙엽

바스락거리는 소리는
가을의 속삭임을 알리고

가을의 행복한 느낌들은
단풍이란 글자에
물들어 가고

낙엽들 속삭임에
낭만이 있고

낙엽들의 낙서장 속에
그리움의 시간이
물들어 가고 있다.

6월의 장미

탐스러운 꽃송이의
붉은빛보다도
아름다움을 간직한
너의 미소 속에
꽃바구니 덩그러니 매달려 있다
천만 송이 피우기 위하여
가시돋힌 이름으로 단장한 너의 모습
소녀에서 여인으로
너만의 흔적 한 자락
가시 속에 숨겨진 진실하나
꽃망울 가득
웃음 피어났으면,

내가 만일

아침에 눈을 뜨면 숨을 쉬고 있으므로 인하여
하루를 감사해 하며 살 수 있고
그런 내가
누군가를 사랑하고 그리워한다면
그것은 아마도 작은 행복이라 말할 수 있겠지요!

내가 만일
누군가를 미워하고 시기한다면
그것은 아마도 또 다른 나를
미워하는 마음이겠지요!

내가 만일
세상을 원망하며 살아간다면
그것은 아마 나의 투정이고 욕심이겠지요!

내일을 기약하며
살아가는 이 어려운 세상
사랑 하고픈 소중한 꿈이 있기에
나를 사랑하며
나의 흐르는 시간을 아쉬워합니다.

〈시평〉

다섯 손가락 청우 김영식 시인

김건일(사랑방시낭송회 회장)

다섯 손가락 청우 김영식 시인

김건일(사랑방시낭송회 회장)

김영식 시인을 처음 보게 된 것은 사랑방 시낭송회에서이었다.

사랑방 시낭송회는 광화문 광화문나무카페에서 매월 둘째 주 토요일 오후 5시부터 한 달에 한번 시낭송회를 하는데 시를 좋아하는 사람이면 누구나 참가할 수 있는 낭송회이다.

김영식 시인도 그날 낭송회에서 처음 만나서 오늘까지 거의 빠지지 않고 몇 년간을 사랑방 시 회원으로 참가하고 있다.

김영식 시인은 자기가 다섯 손가락의 시인이라고 해서 다섯 손가락의 시인으로 알고 있다.

자세히 들여다보지는 않았지만 한 손의 다섯 손가락이 절단기에 잘려나가 두 손으로 치면 열 손가락이 되어야 하는데 김영식 시인은 한쪽 손 다섯 손가락만으로 생활하고 있다.

그런데도 그에게서 어떤 아픔도 슬픔도 또는 괴로움도 나는 통 느끼지 못하고 오히려 나보다도 더 튼튼하고 명랑하고 씩씩하고 해서 그를 다섯 손가락의 시인이라고 부르기가 매우 미안스러운 것이다.

그러나 현실이 다섯 손가락의 시인이기에 나도 그를 그렇게 불러 본다.

그는 경찰서의 기관실에서 보일러 등을 다루는 기술직의 직책을 가지고 생활을 해서 생활에 불편함도 없고 또 양부모님을 모시고 있을 뿐 아니라 결혼을 해서 아내와 자식도 있어서 생활면에 있어서는 조금도 부족함이 없는 것 같아 보인다.

부모님이 조금만 편찮으셔도 병원에 입원을 시키고 양약뿐 아니라 보약도 빠지지 않고 몇 번이나 부모님께 올리는 것을 나는 직접 보아서 김영식 시인의 깊은 마음을 깊이 느끼고 보통 사람이 아니구나 하고 느끼고 있다.

부모님뿐 아니라 그의 아내에 대한 깊은 마음도 느낄 수 있었는데 사랑방 시낭송회에 그의 부인이 몇 번이나 동행을 했을 뿐 아니라 그 두 사람의 분위기는 인위적인 것이 아니라 천생으로 타고난 연분처럼

너무나 두 사람이 포근하고 아늑하고 다정스러워 참으로 아기자기한 부부애를 현실에서 목격하는 것이다.

험난 스러운 요즈음 세상에 정상적인 몸도 아니면서 정상적인 사람보다도 더 부모님을 공경하고 부부간에도 뜻이 맞지 않아서 티격태격하기가 일수인 세태에 김영식 시인의 가정을 보면 화목하고 평화스러워 부럽기까지 하다.

시는 사람 사는 이야기가 아닌가. 소설이 사람 사는 긴 이야기라면 시는 바쁜 생활에 긴 이야기를 적을 시간이 없는 사람들이 짧은 순간에도 오롯이 사무치는 이야기를 언

어로 형상화 시키는 것이다.

요즈음 시인들이 많이 생기고 있다.

시인이 많이 생기는 것은 좋은 현상이지만 단순히 시간이 남아돌고 자기의 이름을 시인이라는 명예를 얻기 위해서 라면 시인이 이 세상에 많다는 게 조금도 유익함이 없다고 하겠다.

김영식 시인은 많은 고통을 안고 있는 시인이다.

그는 그 고통을 아내와 가족을 통해서 그 고통을 극복하고 그 극복 과정을 시라는 매체를 통하여 집합하고 분석하고 사색하며 반성한다.

주로 아내에 대한 그의 그리움의 깊이는 측량할 길 없이 깊지만 바람이 불면 나뭇잎이 흔들리듯 그리움의 사연도 가지가지로 흔들리며 침잠하며 치솟으며 흐느끼며 많은 감정의 잔물결을 감지할 수 있다.

그의 시

아름다운 동행

소리 없는 미소로
다가온 그대

살아온 날들보다
살아갈 날들을 마음으로 엮으면서
당신과의 아름다운 동행이라면
멋진 세상 만들어 갈 수가 있습니다

그대와의 아름다운 동행
투정과 질투가 있다 하여도
사랑이 행복으로 갈 수 있으며

서로의 가슴으로 여미는
진한 감동의 노래는
언제나 함께 나눌 수가 있어서 좋습니다.

<아름다운 동행 전문>

아내와 동행이라면 투정과 질투가 있다 하여도 멋진 세상 만들어 갈 수 있습니다. 라고 김영식 시인은 말하고 있다.

행복으로 가는 간이역

올망졸망 예쁘게 꾸며놓은
정원을 지나
아름다운 꽃길로 장식한
산책로를 지나면
행복이 숨 쉬는 곳

아름다운 벚꽃의 눈인사에
사랑 타고 내려온 나비들의 휴식처
수채화로 그려진 아름다운 숲길

바람이 전하는 향기들

내 아이들의 맑은 웃음과

노부모님의 살아오신 세월의 흔적들 속에
고단함이 배여 있지만

행복으로 가는 간이역
숲에서
나와 내 가족의 웃음이 피어난다.

<행복으로 가는 간이역 전문>

김영식 시인의 시 대부분이 가족과의 이야기다.

아내의 이야기가 제일 많고 그다음이 부모이며 그다음이 자식 이야기이다.

아내의 이야기는 많기도 하고 깊이도 깊어서 한 남자가 한 여자를 사랑하는 것이 행복의 끝이라고 한몸이 되고 싶어 한다고 바람이 불어도 어떤 시련이 와도 끝까지 동행을 바라는 시인의 간절함이 시인의 시 곳곳에서 감지된다.

나도 아내를 사랑해 보았지만 때로는 권태증도 나고 때로는 떨어져 있어서 일을 하면서 마음이 맞지 않아서 아내가 몹시 밉고 화가 나서 멀리 달아나서 살고 싶을 때도 있었다.

나뿐 아니라 요즈음은 40대 이후 10년이 지나면 이혼을 생각한다는 세대이다.

연예계는 2.3년도 살지 못하고 헤어지는 마당에 일편단심의 김영식 시인의 아내 사랑은 사랑의 귀감이라고 말하지 않을 수 없다.

아내에게 하루를 평생처럼

당신의 마음을 너무 아프게 해
많은 눈물 흘리게 해서 미안하고
그리움이 미움 되어
힘든 어깨 토닥거려 주지 못해서 미안하고
손마디 부르트고 갈라진 손톱에
매니큐어 한번 사주지 못해 미안하고
나의 몹쓸 이기심에 생채기를 내서 미안합니다
이른 새벽 출근길가족들 행여 깰까 조심스러워
까치발로 나가는 뒷모습을 보면 고맙고
나의 육체와 영혼이 아파 지칠 때면
늘 그 자리에 있어주어 고맙고
오늘도 힘겨운 계단을 오르며
삶의 미소를 잃지 않는
세상에 단 한 사람뿐
내 아내라는 사실에 고맙습니다
삶이란 단어와 세월의 모진 풍파 속에서도
또 다른 세상이 온다 할지라도
나의 존재는 당신이기에
하루를 평생처럼 생각하며 살겠습니다.

<아내에게 하루를 평생처럼 전문>

너무나 가족적인 일상의 이야기가 시를 읽으면 가슴 속으로 찐하게 전달되어 온다.

그의 시

가족

하늘을 향한 작은 꽃밭에
서로의 마주 잡은 손
행여나 놓칠세라
각자의 숨을 쉬고 있다

가족이라는 단어가
전혀 낯설지 않음은

울타리에 사랑이라는 낱말을
만들어 가고 있기 때문이다

서로의 웃음이 기쁨 되고
슬픔의 눈물이 희망 되어
가족이라는 보금자리를
꽃피워가고 있다.

<가족 전문>

가족은 행복을 가꾸어가는 하나의 작은 꽃동산이다.

가족이 있으므로 다섯 손가락의 시인은 아픔과 고독을 이겨 나가고 오히려 성한 사람보다도 의지가 더욱 돋보인다.

TV에서 두 손이 없는 기타리스트가 양발만으로 기타를 치고 세자 식을 키우는 것을 보았으며 두발이 없는 육상선수가 의족으로 육상 달리기 시합에 참가하는 것을 본다.

사람은 꿈이 있고 가족이 있고 사랑하는 사람들이 있으면 어떤 고난도 감수하고 환경을 극복하는 것을 본다.

김영식 시인은 불행히도 한쪽 손을 다쳐서 손가락이 다섯 개뿐이다.

그의 시

다섯 손가락

하루를 맞이하는
시간 속에서
또 다른 아픔을 감내하며
오늘을 맞이하는 다섯 손가락

무더운 여름엔 상처라도 날까 봐 노심초사
살을 에는 추위와 힘겨운 싸움을 하는 겨울
허기진 자식처럼 늘 하루를 맞이한다

장애라는 편견과 수많은 시행착오를 거치며
끊임없이 줄다리기를 하고 있지만
그래도 다섯 손가락이 있기에
내일의 희망을 노래한다

앙증맞은 손에서
때로는 알 수 없는 눈시울 목이 메지만
영롱한 무지개빛처럼
맑고 아름답게 살았으면 좋겠다
당신이 가장 좋아하는

안개꽃 가득 사랑의 집을 지을 수 있는
나의 다섯 손가락이 있어
오늘도 난 행복 합니다.

<다섯 손가락 전문>

김영식 시인은 다섯 손가락으로 시도 쓰고 직장에도 다니고 월급도 받고 또 시낭송회에도 빠짐없이 참가하고 아버지 어머니가 편찮으실 때 어김없이 병원에 입원시키시고 양약뿐 아니라 비싼 녹용 보약도 몇 번이고 수없이 다려서 드리는 마음이 너무나 착한 시인이시다. 자기는 한쪽 손을 다쳐서 불편해도 보약 한재 먹지 않으면서.

이 시대에 시인은 많지만 인간의 도리를 다하는 시인은 별로 보지 못한다.

시가 아무리 좋아도 시인이 인간답지 못하다면 그 시인의 시는 결코 훌륭한 시라고 할 수 없다.

김영식 시인의 시를 읽고 깊은 감동을 받은 것은 그의 가족에 대한 사랑 또 아내에 대한 지고지순한 사랑의 깊이와 사랑방 시낭송회회원들과의 화목한 교류를 볼 때 김영식 시인은 앞으로 인생의 의미를 깊이 느끼게 해줄 이 나라 시인 중 정신적 보배가 될 시인임을 믿어 의심치 않고 간단하나마 시집 소개의 글을 올립니다. 그대가 있기에 시 한 편을 마지막으로 읽어주시기 바라며 시평을 마칠까 합니다.

그대가 있기에

맑은 웃음과 기쁨을 나누어 주는
그대가 있기에 행복합니다

바람이 몹시 부는 추운 겨울날
얼어버린 나의 아픈 손가락을 위해서
당신의 가슴에 따뜻하게 묻어주는
그대가 있기에 행복합니다

텅 빈 마음의 공허함과
뼛속까지 파고드는 아픔을 사랑해주는
당신이 있기에 행복합니다

행복한 인연으로 만나
나의 생이 다하는 날까지
그런 당신을 사랑하며 살겠습니다
그대의 아름다운 눈물 한 방울까지도…….

<그대가 있기에 전문>

다섯 손가락

인쇄 2011년 10월 25일
초판 1쇄 발행 2011년 10월 30일

지은이 김영식
펴낸이 양상구
편 집 김초롱
펴낸 곳 도서출판 채운재
주 소 서울시 중구 충무로2가 49-8 서울빌딩 202호
전 화 02-704-3301
팩 스 02-2268-3910
손전화 010-5466-3911
이메일 ysg8527@naver.com
정 가 10,000원

ISBN: 978-89-93829-34-1 (03800)